www.ingramcontent.com/pod-product-compliance
Lightning Source LLC
Chambersburg PA
CBHW052337150726
47998CB00018B/2385

أمل العبيد

❖ معلمة تربوية، تمتلك خبرة واحد وثلاثين عاماً في سلك التعليم.

❖ تلقت العديد من الدورات في الأهداف السلوكية والتفكير وإيجاد الذات. ودورات في العلوم والفنون والاقتصاد. ودورة في إدارة المكتبات والتصنيف.

الإهـــداء

إهداء لجميع فئات العمر.

أمل العبيد

لغـة قلم

AUSTIN MACAULEY PUBLISHERS™

LONDON ✦ CAMBRIDGE ✦ NEW YORK ✦ SHARJAH

شكر وتقدير

أولاً؛ الشكر والتقدير لأختي:

نيرة العبيد

ولأولادي الَّذين شجعوا كتابتي لهذه الخاطرة.

وثانياً؛ شكر وتقدير للناشر.

المقدمة

القافية والقلم تتكلم عن لوحة ألم

لغة قلم على جميع ما في الوطن

على أرضه وسماه

وعلى حياة من لفاه

حب واحترام بس نتعرف على القلم

اللي بيلف كل الوطن.

خواطر ديرتي

خواطر ديرتي ضاعت

وانباعت أسماءها انباعت

من يزايد بالأسماء...؟

لقالوا شموخ قالوا باع

الفريج صار طريج

والعقيدة صارت بعيدة

اشتَروا فيها الذمم..

وباعوها بخطة قلم

الديرفة

على القوافي تسير.. كأنها تهامة بعسير

بر وبحر ومحمَّلة.. هموم الأعمى والبصير

أنواعها مد بالبحر.. وأعلامها سودة ضمير

رشاوي وشهادات بذمم.. تشهد لهم بيد لألم

يقول أقسمت بضمير.. ويرددها مع الأثير

سلطته صدها الحلوف.. ويقويها بالحروف

قوافي الشر بالصروف.. تشهد له في سودة ضمير

والجزر بالبحر يوقف.. يخاف مع الضمير يولف

الديرفة مد وجزر.. فيها من قوافي الغجر

الساعة

ساعة استجابة فيها.. نور وهداية يلبيها

أما ساعة الزوار.. تراقب فيها الأعمـار

متعلقة بالكبر.. ما هي مثل مد وجزر

ساعة من ذهب أو حديد.. كلها نفس التوقيت

فيها زيادة أحجار.. لمعوها هالتجار

أما ساعة القيامة.. ما حد يحددها بتهامة

اختلفوا عليها اثنين.. بين متدين ولعين

مراكز

الهمة تعلِّي القمة.. وان زادت صارت رمَّة
المراكز عليها عمَّة.. من يزايد بالذمَّة
كلن يخاف على مركزه.. يخاف أحد يوكزه
يبوق يتهم ما يصير.. أهم شي لا تطير
مشروع فاشل وخسران.. في حياة كل إنسان

أرض النفاق

على أرض النفاق تصير.. مع كل صاحب ضمير
غيرت شكله لأسباب.. وتنوعت بمصاريفه أحباب
شكلت عشان ترضيهم.. حتى وصلت لحافيهم
البومة فيها تشخر.. ولا تدري عن سوسة تنخر
ما فيها إلا التعاسة.. والشيطان ملازم الوناسة
حرب في أرض النفاق.. هذا يا خذ وهذا يراق
تحكي عن طاغي بغى.. أو خاين بذاته رق
يوشفها خضراء بحكمه.. وهي صارت بملكه

مملكة الصحاري

أنتم على أرض الصحاري شهود..

على بدع شاء ولها بقدر

قماش أسود لطخوه بذنوب..

بحدود المملكة وبعض الهجر

ماهي أرقام ولا حروف تقود..

هي أفعال بنية غجر

شبعوا شريعتهم بكذبة حدود

وصوروها بنياحة طين وحجر

وأشركوا بالله الواحد المعبود..

وصار شركهم ظاهر بدون خجل

زفه خواطر

بخاطري الأمانة تكون قوية

وبخاطرك تلعب على طريق التنهات

وبخاطري الصدق فيها عطية

وبخاطرك نكون كذبة مع الذات

وبخاطري نعيش الأمانة سوية

وبخاطرك تقلب حروفها بملذات

وبخاطري نمشي بكل أمر بروية

وبخاطرك تنكسر بعصاة النظرات

زفة خواطر على الصحاري قوية

يشيلها ما في خاطرك من ملذات

الوطن

صباح تجلى في الخمسين

بيد ملك الجزيرة وعبرها

من بحر جاور السرات بعسير

إلى خليج الحب ومهرها

بنى وارتقى بحلة مسجدين

ونامت على كفوف الأمل بقمرها

وتتابعت أحفاده بالعطاء واللين

حتى وصلت لمحمد وأمرها

أمست وباتت لكل حر وأمين

ذكرها الدستور من أمس وأظهرها

وتغنت بحر نفسها بكل عين

وأمست درة في حقيقة أمرها

فيا دار بشر شعبها بـ ٨٩

وأطمس على قلوب الحاسدين نظرها

نهار وليل

لا تحسبونها مكانين.. أو صفة لعالمين

صاروا اسمين.. تغيروا بنظامين

واحد شر.. والثاني زين

فرقوا بين أحباب.. ما حسبوا لها أي حساب

باقو.. طغوا.. المهم.. سوّها أبواب

صاروا يحاكون الخارج.. على أمر الفشل دارج

قالوا عن أنفسهم قادة.. ومن أمثالهم أجادة

تذكرت إني انظلمت.. حتى بالسباقات دمرت

تقدمت بالمسابقات.. لكن احسبوها من رصيد فات

صادوا الناس بالسنابات.. وغيروا أسماء الشخصيات

مشاركتهم بكل شي.. سواء بالشمس أو بفي

العم والخال

العم والخال شالوها.. على ذنوب ما وفوها
بالأول العم ولي.. والخال يقولون خلي
وانتكست الكلمات.. وصار اللي فات مات
صار العم قانون.. يحكم على الورث بجنون
كلمة أنا اللي ربيته.. وأبي حقي الي قويته
وكلمته على اليتيم.. نسى في رب العالمين
والخال خله بالهوى.. يأمر بحكم الغوى
لهم ألف طريق للجنة.. إن هم شالوه بالذمة
جابوا البحث والقانون.. ويحلفون بكلام الرسول
الفايز بالجنة أمه.. حتى شهادتكم ما تهمه

تركت مساحة

تركت مع البرق والرعد مساحة

حتى بروق الخيل ما تعداك

واشتقت لك شوق الثريا للمساحة

بشوفتك للعمر اللي تعداك

جعل الصمت اللي تدور له مساحة

يجبر الشوق اللي عاشه وياك

العنصرية

جابها الإسلام بالتحرير.. من عهد الرسول الأمين

تعددت فيها الأسود.. والقبايل بلا حدود

الاختيار بالبداية.. صعب ماله نهاية

كان الاختبار بالعبيد.. يسمونها بالحديد

خلي بالك من كلامك.. يجرح كثير بعلامك

شطارة موزلة لسان.. حتى لا تجرح التعبان

لسانك يجرح الملهوف.. على حياته والظروف

خلك بعقوبتك راقي.. عن المسكين يا طاغي

البذرة تبدا بالأرض.. تنبت شوك تطلع ورد

منظومة

قالها الرسول الكريم.. واحد بالجنة وأثنان بالويل
أمرهم لابد منه.. في حكم كله همه
هذا يقسم القسم.. ويقسم على الورق بنغم
برايه حكمه صحيح.. وعلى الأرض ما يطيح
يا ويل كل من حكم.. وراحت أحكامه بتهم
اتفاق وحقوق العباد.. كانت في سنن الضاد
يقاضيك رب العباد.. يوم القيامة بثبات
يأخذ حق كل من ظلم.. في حكم أيام الدهر

تقاليد

التقاليد صارت عبادة.. في زمن كانت عادة

نتفق مع السنين.. واختلفوا عليها عشرين

قالوا عليها حقيقة.. وربطوها بالعقيدة

ما صار فيها اتزان.. بين العقل واللسان

التقاليد تصور نغم.. من عاده لعاده بزمن

أما عقيدة الإنسان.. فهي ثابتة من زمان

هم بظلالة عايشين.. بين الثبات واليقين

أربطوا البدع بالدين.. وصورها بطلالة عشرين

الثوب الأبيض

السفر بكل ديرة.. ما هي بوسط حيرة

كانت على جمال وأصحاب.. والحين خط على الأبواب

كانت مشاوير شهور.. وكانت لبيت الرسول

والثوب الأبيض عنوان.. والابتسامة ما فيها جزال

الحين يا يتاجر بالسياحة.. أو عبيد السفر بصراحة

السوشل فيها تصوير.. كأنهم يَعنون الفقير

الثوب الأبيض تدنس.. بأنانية وناس تلحس

خلي الأنانية همك.. وخلي القبر بعد يضمك

أرض العصر

باقي من كلام يفرح

على أرض الكفاية يجرح

يفرج هم الفقير والشوارع فيها بالويل

كلها ثلاث حروف

مخطوطة على الرفوف

حرفها يحكي المصير

والصاد صوت بصرير

والباقي فيها تمر

على من يشرب المر

الضايع فيها الصغير

والجبار فيها لعين

ضاعت دروب الكفاية

على دروب المهانة

حلم

يا قلب على القلب عشاق

يحاكي رموز العشق بصراحة

يموت فيها الحزن وهو مشتاق

ويحيا بحياة القلب بشجاعة

أشبهه من ياقوت بماسات

وما عدت أفرق بينهم بصراحة

لوحة

أبسأل عن دعوة بها أذكروني..

شعب لازمهم الحب والتوحيد

يوم طلبت منهم في يوم دعوني..

حبهم بالقلب مثل غلاة طويق

هذه وعود من صان الوعد وما نسوني..

هذا الأصيل من أصيل أتبعوني..

عبق البخور فيهم وغوالي الطيب..

ينشدون عن غالي من غواليهم

يا زمن

يا زمن خايف عليك من الفتن

من بين دوس الناس ومن بين النعم

أشبهك بوسط البحر

ما بين مد وجزر

هذا يستبيح الطرب وهذا يستبيح الغزل

يا زمن

خلك مثل قبل

ما بين طيب بقلبه وما بين حجر

يستحي يخاف يرتجف ويصور علومه

بخجل

صارت مالك ملامح.. ملامحك دجل بدجل

ما ينعرف له لون ولا شكل ولا له وزن

مظلوم يا زمن.. بجي اختفى وصاروهم

لذكروك الطيبين

قالوا (رددوا) يا زمن

إذا كان البرق والرعد والمطر بطبيعته ما هو من صنع البشر!

فكيف بباقي الدهر!

بقشة

كنا نشوفها

ما ندري وش فيها

عطر أو قماش أو عود

ما نسأل لمين للغني او للفقير

نشتري وحنا فرحانين

والحين البقشة صارت بدنارين

صارت دكان ضاع فيها ريحة العطر

والعود والزعفران ما تدري القماش

أصلي والا للحرير النعمان

أسماء ما عرفناها إلا في زمن الدكان

والحين أسواق مو مكفية حتى العرسان

وطن جارح

أنت أغلى من البشر

إذا ضعت ضاعت دروب ودارت حروب

نمشي على ترابك ونرتوي بإحساسك

إذا دارت الحروب

جاع الغني فيك.. ومات الفقير بعاليك

والطير يسكن الخرابات

يا وطن

مصدومة فيك نسمع وعودك

ونخاف من صوتك يصرخ

مثل صوت الصواعق والرعود

ويبرق عليه برق البروق

لقيتك جارح وقاسي على نفسك

بس يشتد عودك يردك وطن فارغ

وحشة قبر

استباحوك يا مكان

وأنت آخر العهود مع ربنا المعبود

تفننوا بالتصوير فيه.. هذا يشد وهذا يرخي

وبالآخر

واحد يقول لنا ادخلوها بسلام

والثاني يبي يشد الأنظار

حول حرقة المحتار يصور وكأنه

منتج بري لكم يا السائحين

نفى حرمة بني آدم للحساب

وبدل قوانينه بلا صلاة

المنتجع للسياحة هذا مريع

حفرة مترين خلوها آلفين

نسو وحشة قبر فيها ملكين

يا ويلكم من الحساب من الحين للحين

حد السيف

الفقير.. والملياردير

المليار أصبح زعلان

والريال أضحى منهار

ما صار فيه أمان

الأكل نوعان

الماي ما عاد يروي العطشان

الصوديوم زيرو فيه

ضاعت الناس بغاليه

صارت تحس بالطفش

حد السيف بكل أمر

حتى باختيار الكفن

صار يباع بالمهن

وتجديده بكل الأسواق وألوانه

تجذب الأزمان

حد السيف بالمهر والتفنن بالحجر

من يزود بالمهران.. حتى يصير السيف حيران

ساري الليل

أول يتوكز عصاه

ويمشي بجنب الحصاة

يبني منها ركعتين

ويقضي صلاة الدين

يأخذ منها بر النهار

ويعطي لواليه بانتظام

يا عيني على ساري الليل

اقالوا يمشي بالظلم

ما يعرف جزاه يوم القدر

لا صوت لا صراخ يهز الفجر

إلا بالتسبيح والذكر

دراسته ملك مع الله بالليل

وأمانه للناس بالحيل

ملاهي

في زمن الطيبين

صقلة وعود ولعب بلا حدود

وتراب لامس اليدين بلا ذنوب ولا وعود

كنا صغار وكبار مع أهلنا مستانسين

سميناها ملاهي

نشتاق فيها للجيران واللعب وراء الجدران

وفي ظلمة الليل ما نخاف الجان

الحين الملاهي عذاب

هذا يصرخ طاح وهذه تصرخ ضاع

وهذا عادي مباح

نسمع الضحكة فيها خيانة.. وما شفنا الأمانة

ما حصلنا مثل الصقلة والعود

والاحترام انعدم وصار فيه ذنوب

ما عاد فيه صغار وكبار ولا أهل ولا جيران

وهم ما بين عادي وطربان

مجالس

اللي عرفناها مجلس واحد

لبوي وجدي والرجاجيل

صار مجالس ضاعت فيه المراجيل

صارت الحرمة فيه عارية

وهي اللي تحكي بأوهام بالية

والرجال وراء المسند

ما يدري إيش حتى العندق

مجالس استباحوها

من كل مكان دسوها

كأسين

تخيل أيهما...
كأس الجفاء وكأس الانحراف
كأس لطريق تعطش فيه وتموت
وتأكلك الدجاجة مثل السبوت
أو كأس فيه تعيش
وكل شيء فيك تطنيش
أهل ضاعوا وعيال انباعوا
ما هو من كأس الائحراف
كأس الأمل انعدم
فيه الوفاء وفيه الندم
تعيش فيه مرتاح
وتروح مع اللي راح

الوردة الحمراء

باين

بدايتها حب وشوق

ونهايتها تنحط على قبر الموت

يأخذها الحبيب ويهديها

لأقرب طريق...

وتاخذها الحية ويصير من دواها مية

وآخرتها

وردة حمراء كيف تستخدمها

على الطريق أو على طاولة الشوق والحريق

الحب

كان نوع واحد ولون واحد

والحين الأبيض والأسود وبينهم

الأخضر والأحمر واللون الفاضح

صارله صوت يرتفع مع النغم

وصارت له حركات تمشي

على ظهر الأمل

يأخذ الأمانة كلام

ومن داخله ما في نظام

الحب الحقيقي الأولي

ما فيه شراكه وحظوظ

فيه حب بلا حدود

الحرية

أفهموك غلط

يحسبونها ملفع طار

أو أجاري الرجال

أفهموك بأساليب غلط

ترك العباية

ونزع أمر الولاية

أفهموك بأنك قيود

ما يدرون إنها معانا

ونعيشها من زمن الجدود

أفهموك إنك بديتي مع الدركسون

ما يدرون أنها جزء من حياة الأولين

أصبحت وطن كله عذاريب

هي ست حروف صورتوها عادي

عند كلمة مستباح ويا هادي

بس بالأخير أفهموك غلط

فلم

يا حلو الراديو القديم

وقماش الروز الثقيل

وجال البحر من غير تصميم

والدهاليز القديمة والعلك أبو قسمين

يا حلو هالفلم...

والحين شاشة مترين

يقولون عنها بلازما بشكلين

ما فيها شيء زين

شيء مستباح شي يقولون عنه مباح

اللون بالمسلسل تغير.. والفلم حق عبلة وعنتر

عاشوا المعاناة فيه وصوروه تمثيل

الإرادة

هي شيء عظيم

بكل شيء قديم

السعادة عند التغافل والإرادة

رسالة على أمر حزين أو سر كمين

أو جرح انشرخ ماله دواء

الإرادة دواها ما ينباع إلا عند اليتيم

فيها إبداع بكل أمور الحيران

تنجح أمورك بالتغافل

وتصير علومك قوافل

هي سفينة شايلتها العزيمة

مجاديفها الصبر والاحترام

والإخلاص مع الله تمام

وضعك الأن

تبي تعرف وضع قلبك؟

خلك مع السنة بدربك

قالوا القران قديم

يصور أحاديث وقصص

ما عاد ينفع معاك في زمن الضياع

وضعك خله للرحمن

اجعل مقرك له كقابض على الجمر والنار

أو جَمِّل وضعك

وابحرْ مع كل شيطان

ما عاد ينفع القران!

صار وضعك ما يناسب أحاديثه

ومواعظه والقسم فيه يضيع مواضيعه

ما بين أمرين إما جدل فيه أو الشين

أسماء في زمن

كانوا يسمونها غير

العندق.. الهامور..

صاروا يسمونها "سي فود"

تلاقيها في مطاعم الموت

والفقير عنده دكان فجأة صار مليار

ما ندري أسماء غلط

الجادة صارت ماده

والطريق 25 صار طريق التنعيم

الغيرة العبت غير

وخلته مثال للخير

الوحش خلته يطير

الذيب سموه سمير

بس تغير المفعول

في زمن المعقول

أسماء مسطرة بسطور

اختراع

اخترع شيء في حياتك

يلِّي تبي الطيب

سجل في حياتك ثلاث

الأمانة.. الاحترام.. وكرامة الجيران

خلي الأمانة ركزها

افتح باب التسامح مع نفسك بزين

ولا تهدر العمر دين بدين

انخدعنا بالمظاهر وغرّنا زين

وضيعتنا كلمة إبليس اللعين

عسى الاختراع نفع الطيبين

أما زمن الغدر

ما بين غير بعينين

التقاعد

عقب التقاعد يالصحاب

ألتفت على عمر نسيته

أسكر باب وأفتح عشرين باب

بشي قبل التقاعد ما قويته

أنام وأصحى من غير حساب

وأدقق على كل اللي مليته

حبو اللي يشوفك بإعجاب

مع احترامي للي نسيته

قبل التقاعد شربت من كأس الأصحاب

متنوعة بأساليب وحسيته

واليوم أتقنت صافي الذات

اللي على الله نخيته

أحباب مالهم وصف وألقاب

ومن كل بر غلاهم فديته

أحمل رسالة

أحمل رسالة كل اللي يحملون الأمانة

لله والوطن

أحمل رسالة للناس ولجميع الأجناس

أحمل رسالة للي يسمون الأمانة خيانة

ترى فرق بين الردى والأصالة

الأمانة معنى واحد بكل ديانة

والخيانة تحمل عناوين ودجل

خيانة الله والأهل

الوطن بس لا تكون عجل

اليوم بالماء والسماء

وبالهوى اللي تستنشقه

عاد دور حدد ثوبك والمسه

تحلف بالله عندك بأمانة

وأنت أخرتك مدهر بالخيانة

مخاوي الليل

خلك مع اللي مخاوي الليل

صلاة وتسبيح وستردين

وعد الدقايق من أجل العبادة

وخلي دمعتك له مو على الوسادة

اطلب واشتكي وتمنى وانسَ المخاليق

تراك مع ماضي الحاجات وزيادة

اطلب وتمنى ومد اليدين

رب كريم ما يرده دعوة الضيم